Lili Gaesset & Sam Terry

Das Freunde-Finder Buch

Ein Ratgeber für Kinder

Dieses

Freunde-Finden Buch

gehört:

____

Hallo!

Das ist ein Buch über Freunde und Freundschaft.

Es soll dir helfen, neue Freunde zu finden. Aber auch ein besserer Freund oder eine bessere Freundin zu sein.

Lass uns zuerst einmal überlegen, was ein „Freund“ überhaupt ist.

Das Wort „Freund“ hat sich mit der Zeit aus dem Wort „frei“ entwickelt. Und „frei“ bedeutete vor vielen, vielen Jahren einmal „lieb“, „erwünscht“ oder „dazu gehörend“.

Ein Freund ist also jemand, den man mag und den man gerne bei sich hat, der zu einem gehört.

Mit Freunden kann man spielen, reden, Spaß haben.

Freunde sind wichtig, damit man sich nicht alleine fühlt. Das Leben ohne Freunde ist traurig.

Umso wichtiger ist es, gute Freunde zu haben. Was auch bedeutet, selbst ein guter Freund zu sein.

Deshalb geht es in diesem Buch um das wichtige Thema Freundschaft. Mit vielen Aufgaben und spannenden Informationen lernst du, leichter Freunde zu finden und wie andere dich gern zum Freund haben.

„Der beste Weg, einen Freund zu haben, ist der, selbst einer zu sein. “

Von Ralph Waldo Emerson, einem amerikanischen Schriftsteller

FREUNDSCHAFT

Hier warten viele spannende Aufgaben auf dich!
Am besten löst du sie nacheinander.
Viel Spaß!

Was gehört zum Freund sein dazu?

Kreuze an:

- ○ miteinander spielen
- ○ ehrlich sein
- ○ frech sein
- ○ teilen
- ○ miteinander reden
- ○ zuhören
- ○ anlügen
- ○ schlecht über jemanden reden
- ○ Spielzeug wegnehmen
- ○ helfen
- ○ den anderen verteidigen
- ○ anschreien
- ○ auslachen
- ○ dem anderen nicht antworten

Was ist dir wichtig bei einer Freundschaft?

Schreibe auf: ______________________________

____

____

____

Fülle aus:

Name deines Freundes /deiner Freundin:

____

____

____

____

An ihm / ihr mag ich besonders:

____

____

____

____

Was könnte anderen an dir gefallen?

Schreibe auf: ________________________________

____

____

____

Findest du, dass du genug Freunde hast?

☐ **Ja** ☐ **Nein**

Hast du oft Ärger mit deinen Freunden?

☐ **Ja** ☐ **Nein**

Fällt es dir schwer, neue Freunde zu finden?

☐ **Ja** ☐ **Nein**

Befrage deine Freunde, Geschwister oder Eltern zum Thema Freundschaft:

Hast du Freunde?

Hast du Probleme mit Freunden?

Was ist dir wichtig in einer Freundschaft?

Was fällt dir noch zu Freundschaft ein?

Schreibe kurz auf, was sie gesagt haben:

____

____

____

____

____

FREUNDE FINDEN

Manchmal...

... ist es ganz schön schwer, neue Freunde zu finden. Vielleicht traut man sich nicht, jemanden anzusprechen oder man hat das Gefühl, man wird nicht gemocht.

Am einfachsten ist es, sich mit anderen zu vertragen, wenn man sich selbst freundlich verhält.

Dann ist alles halb so schwer!

Bist du sehr schüchtern oder ängstlich? Es gibt auch dazu ein Buch mit vielen Hilfen, Übungen und Ideen, um dich mutiger zu machen!

Das Ich-traue-mich-was! Buch

Was könnte helfen, Freunde zu finden?

Kreuze an:

O zuhören

O jemanden trösten

O nichts reden

O auslachen

O nur Computer spielen

O lächeln

O ärgern

O lügen

O anderen weh tun

O mit anderen reden

O sich für andere interessieren

O andere schlagen

O nett sein

O aufmerksam sein

O Sachen kaputt machen

O höflich sein

O aufpassen

O frech antworten

O nicht aufpassen

O teilen

O draußen spielen

O jemandem helfen

Wo hast du schon einmal einen Freund kennengelernt?

Schreibe auf:

Befrage deine Freunde, Geschwister oder Eltern:

Wo hast du schon einmal einen Freund kennengelernt?

Was machst du, um Freunde kennen zu lernen?

Was denkst du, kann man machen, um Freunde kennen zu lernen?

Schreibe kurz auf, was sie gesagt haben:

Nett sein

Der Grund...

... warum man zu anderen nett sein soll und warum man "artig" sein soll, ist, weil es nicht schön ist, jemanden traurig zu machen. Du bist ja selbst nicht gerne traurig oder? Genauso geht es den anderen.

"Was du nicht willst, das man dir tu, das füge auch keinem andren zu."
Ein deutsches Sprichwort

Was findest du nett?

Schreibe auf: ______________________

____

____

____

____

Was findest du **nicht** nett?

Schreibe auf: ______________________

____

____

____

War jemand mal nicht nett zu dir?

☐ Nein

☐ Ja Wie hast du dich dabei gefühlt?

Schreibe auf:

Warst du mal nicht nett zu jemand anderem?

☐ Nein

☐ Ja Was denkst du, wie hat sich derjenige dabei gefühlt?

Schreibe auf:

VERBINDE DIE SATZTEILE:

Jemandem den Radiergummi kaputt zu machen ist

Wenn jemand Süßigkeiten mit mir teilt

Wenn mich jemand haut

Jemandem zu helfen

Wenn ich Hilfe brauche und niemand hilft

Wenn mir jemand zuhört

Wenn mir niemand zuhört

Beim draußen spielen

Beim Computer spielen

Wenn jemand etwas über mich sagt, das nicht stimmt

Wenn mich jemand anlächelt

bin ich traurig.

macht Spaß.

freut mich das.

ist das nicht schön.

trifft man Kinder.

trifft man keine Kinder.

nicht nett.

mag er mich.

tut das weh.

ist das schön.

ärgert mich das.

Ab nach draußen

Am leichtesten...

... findet man Freunde natürlich dort, wo viele Kinder sind. Logisch, oder?

Vielleicht gibt es bei dir in der Gegend tolle Spielplätze. Oder Kinder-Clubs. Computer-Clubs, Lese-Clubs, Spiel-Clubs. Oder Vereine. Sport-Vereine, Theater-Vereine.
Oder Angebote deiner Schule.

Wenn man gleiche Interessen hat, kann man viel leichter Freundschaften schließen:
Man hat immer etwas, über das man reden kann!

Das gibt es bei mir

Kreise ein oder trage ein:

- Computer-Club
- Lese-Club
- Spiel-Club
- Natur-Club
- Sport-Verein
- Theater-Verein
- Chor
- Tanz-Verein
- Abenteuerspielplatz
- Karneval-Verein
- Pfadfinder
- Musik-Schule
- Umwelt-Club
- Mal-Club
- Tier-Club
- Mini-Feuerwehr
- Forscher-Club
- Erfinder-Club
- Angebote Deiner Schule
- ____________________
- ____________________
- ____________________
- ____________________

Was sind deine Hobbys?

Schreibe auf:

Was macht dir noch alles Spaß?

Schreibe auf:

Suche dir 3 Deiner Lieblingshobbys aus:

1 ______________

2 ______________

3 ______________

Wo könntest du diese Hobbys zusammen mit anderen Kindern tun?

Falls du es nicht weißt, frage deine Eltern, suche im Internet oder frage deinen Lehrer.

Schreibe auf: ______________

____

____

Hast du etwas gefunden, das dir Spaß machen könnte?

☐ **Ja und zwar ____________________ .**

Frage deine Eltern, ob du es ausprobieren darfst.

☐ **Nein.**

Suche weiter, bis dir etwas gefällt!

Sport

Sport...

... ist nicht nur gesund und macht Spaß,
man trifft auch viele Kinder.
Auf der nächsten Seite findest du eine
kleine Liste von Sportarten.

Kreise alle Sportarten ein, die dir gefallen.

Wenn du willst, frage deine Eltern, ob sie dich dort anmelden.

Golf

Der Ball muss ins Loch

Volleyball

Der Ball wird mit der Hand übers Netz geworfen oder geschlagen

Basketball

Man wirft einen Ball in einen Korb

Football

Ein etwas härterer Sport

Ballett

Nicht nur für Mädchen

Reiten

Ein Sport für Pferdeliebhaber

Kampfsport

Judo, Karate, Kung-Fu, Boxen, usw.

Tischtennis

Schneller als Tennis

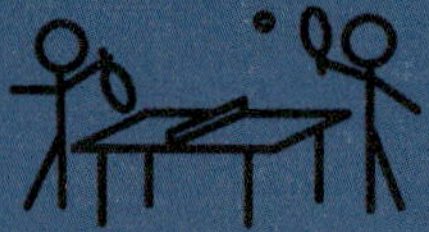

Fußball

Die beliebteste Sportart

Schwimmen

Für Wasserratten

Handball

Der Ball wird mit der Hand ins Tor geworfen

Eislaufen
Tanzen oder Wettrennen mit Schlittschuhen

Turnen

Auf dem Boden oder an Geräten

Bogenschießen
Mit Pfeil und Bogen die Zielscheibe treffen

Turmspringen
Von einem Turm ins Wasser springen

Wasserball
Ballspiel im Wasser

Rhythmische Sportgymnastik

Gymnastik mit Ball, Band, Keulen oder Reifen

Leichtathletik
Sport rund ums Werfen, Springen und Laufen

Tennis
Spielt man zu zweit oder zu viert

Klettern
An einer Kletterwand klettern üben

Tanzen
Hip-Hop, Jazz, Pop und mehr

Synchron-Schwimmen

Tanzen im Wasser

Badminton

Ein Federball wird mit dem Schläger übers Netz geschlagen

Spielen mit Freunden

Bestimmt kennst du eine Menge verschiedener Spiele:

FANGEN

BALLSPIELE

RATESPIELE

Verstecken

Schreibe ein paar Spiele auf, die du kennst:

Was haben deine Eltern früher gespielt?

Schreibe auf:

Hier ein paar Ideen, was du mit deinen Freunden spielen kannst.

Wer bleibt stehen?

Ein Ball-Spiel mit 3 oder mehr Spielern

Spiel für DRAUSSEN

Stellt euch in einem Kreis auf.

Nehmt den Ball und werft ihn euch kreuz und quer zu.

Wer den Ball fallen lässt, muss sich hinknien.

Lässt man ihn noch einmal fallen, muss man sich setzen.

Jedes Mal, wenn man den Ball fängt, darf man wieder aufstehen.

Gewonnen hat der, der am Ende als einziger noch steht.

VORSICHT ZAUBERER

Ein Fangen-Spiel mit 4 oder mehr Spielern

Spiel für
DRAUSSEN

Einer von euch wird zum Zauberer gewählt.

Der Zauberer fängt nun die anderen Kinder.

Hat er eines erwischt, verzaubert er es. Dann darf es sich nicht mehr bewegen.

Bis ein anderes Kind das Verzauberte befreit, indem es ihm durch die Beine krabbelt.

Wenn nur noch ein Kind frei ist, das nicht verzaubert ist, hat es gewonnen und darf im nächsten Spiel der Zauberer sein.

GESCHICHTEN SAMMELN

Ein Fantasie-Spiel mit 2 oder mehr Spielern

Spiel für DRINNEN

Jeder von euch sucht sich einen Gegenstand.

Dann setzt euch im Kreis hin.

Erklärt jetzt nacheinander, warum ihr euch gerade diese Sache ausgesucht habt.

Legt sie dann in die Mitte und sucht ein Kind aus, das anfängt.

Jetzt denkt ihr euch zusammen eine Geschichte aus.

Und zwar so: Das erste Kind nimmt einen Gegenstand und sagt einen Satz, passend zu diesem Objekt. Im Uhrzeigersinn geht es mit dem nächsten Kind weiter, das die Geschichte auf diese Weise fortsetzt.

Lasst euch überraschen, was dabei herauskommt!

Spring ins Bild

Ein Wissens-Spiel für 2 Spieler

Malt ein Bild mit Kreide auf den Boden oder ritzt mit einem Stock ein Bild in die Erde. Zum Beispiel eine Sonne.

Einer von euch sagt jetzt schnell Wörter, die mit dem Bild zu tun haben. Bei der Sonne zum Beispiel Sommer, heiß, Himmel.

Der andere muss dabei zu jedem Wort in das Bild und wieder herausspringen.

Wenn ein Wort genannt wird, das nichts mit dem Bild zu tun hat und trotzdem in das Bild gesprungen wird, dann wechselt ihr mit Springen und Ansagen.

Wechselt auch dann, wenn dem anderen keine Wörter mehr zu dem Bild einfallen.

Spiel für
DRAUSSEN

Verrücktes Bastel-Spiel

Ein Bastel-Spiel mit 2 oder mehr Spielern

Besorgt euch die verschiedensten Dinge zum Basteln:

Buntes Papier, Pappe, Plastik oder was auch immer ihr alles finden könnt.

Dann nehmt eine Schere, Papier, bunte Stifte und Klebstoff.

Spiel für DRINNEN

Jetzt schneidet einer von euch irgendeine Form aus, die ihm gerade einfällt. Der andere klebt zusammen und wieder ein anderer malt das Ganze an.

Na, was für Gestalten habt Ihr erfunden?

VERRÜCKTES MAL-SPIEL

Ein Mal-Spiel mit 2 oder mehr Spielern

Jeder nimmt ein leeres Blatt Papier und einen Stift.

Malt zuerst einen Fantasie-Kopf oben auf das Blatt. Dann knickt euer Gemaltes nach hinten um, so dass nur noch die Striche des Halses zu sehen sind.

Jeder gibt jetzt sein Blatt an seinen linken Nachbarn weiter, aber nicht nachsehen, was die anderen gemalt haben!

Malt dann an die Striche einen Körper ohne Beine. Wenn ihr fertig seid, knickt das Blatt wieder nach hinten um und gebt es an euren linken Nachbarn.

Spiel für DRINNEN

Als letztes werden die Beine gemalt.

Sind alle damit fertig, dürft ihr das Blatt auffalten und sehen, was ihr zusammen gemalt habt!

MURMELN

Ein Spaß-Spiel mit 2 oder mehr Spielern

Ihr braucht eine große Murmel und jeder von Euch braucht eine kleine Murmel.

Entscheidet, wer die große Murmel wirft.

Jetzt müsst ihr nacheinander eure kleinen Murmeln in Richtung der großen werfen.

Ihr dürft die große Murmel auch wegschießen!

Also, nehmt eure schönsten Murmeln und murmelt drauf los!

Wer am nächsten an der großen Murmel ist, hat gewonnen!

DAS WÖRTER-WURF-SPIEL

Ein Wissens-Spiel mit 2 oder mehr Spielern

Nehmt für dieses Spiel einen Ball.

Der erste Spieler sagt ein Wort und wirft den Ball an einen anderen Mitspieler.

Dieser Spieler muss jetzt ein Wort sagen, das mit dem Buchstaben anfängt, mit dem das letzte Wort aufgehört hat.

Wer ein falsches Wort sagt, ist raus.

Gewonnen hat der, der als letztes übrig bleibt!

Ein GUTER Freund sein

Wenn...

... alles gut gegangen ist, hast du jetzt viele neue Kinder kennengelernt.

Um gute Freunde zu haben, ist es auch wichtig, selbst ein guter Freund zu sein.

Aber wie ist man ein guter Freund?

Erinnerst du dich noch an das Kapitel - **Freundschaft** - auf Seite 7?

Lies die Aufgabe

"WAS GEHÖRT ZUM FREUND SEIN DAZU ?"

auf Seite 8 noch einmal.

Findest du immer noch richtig, was du angekreuzt hast?

Ja. oder Nein.

Warum nicht? Schreibe auf:

Als guter Freund hört man dem anderen zu !

Erzähle deinen Eltern, Geschwistern oder einem Freund eine kurze Geschichte. Sage ihnen, sie sollen dich während dem Erzählen immer wieder **unterbrechen**.

Wie hast du dich dabei gefühlt?

Schreibe auf:

Erzähle deinen Eltern, Geschwistern oder einem Freund eine andere kurze Geschichte. Sage ihnen diesmal, sie sollen dir **gut zuhören**.

Wie hast du dich dabei gefühlt? Schreibe auf:

WAS IST EHRLICHKEIT?

Ehrlich ...

... bedeutet nicht, jedem immer deine Meinung zu sagen.

Hat jemand zum Beispiel eine große Narbe im Gesicht, ist es nicht ehrlich, zu sagen, dass er hässlich ist.

Das ist bloß deine Meinung und verletzt den anderen.

Ehrlich ist es aber, seine eigenen Fehler zuzugeben.

Ehrlich ist es auch, keine Ausreden zu gebrauchen und sich nicht zu verstellen.

Ehrlich ist es, nicht hinter dem Rücken von jemandem zu reden.

Kreise alle Personen ein, die sich ehrlich verhalten:

„Ein Kluger bemerkt alles. Ein Dummer macht über alles seine Bemerkung."

Von Heinrich Heine, einem deutschen Schriftsteller

Vertrauen ist wichtig !

Jemandem…

… zu vertrauen heißt, dass du dich auf ihn verlassen kannst. Aber wie merkt man, dass man sich auf einen Freund verlassen kann?

EIN GUTER FREUND…

…teilt gerne

…hört zu

…achtet auf andere

…hält zu seinem Freund

…ist freundlich

…spricht nicht schlecht von anderen

…ist hilfsbereit

…passt auf den anderen auf

…ist ehrlich

…ist aufmerksam

…ist immer für seinen Freund da

…tröstet

…ist verständnisvoll

Kreise alle Personen ein, denen du vertrauen würdest und auf die du dich verlassen würdest:

Hahaha, du bist gestolpert!
Ich helfe dir alles wieder aufzuheben.
Sandra ist total doof!
Hör auf schlecht über unsere Freundin zu reden!
Hallo Freunde!

DU ALS FREUND

Jetzt…

… hast du viel über Freundschaft gelesen.
Findest du, dass du ein guter Freund bist?

Wenn ja, super, weiter so!

Wenn nicht, dann kannst du es ja jetzt besser machen, wenn du magst.

Wie würdest du dich ab jetzt als Freund verhalten?

Kreuze an:

Würdest du das machen?
☐ Ja ☐ Nein

Würdest du das machen?
☐ Ja ☐ Nein

Würdest du das machen?
☐ Ja ☐ Nein

Würdest du das machen?
☐ Ja ☐ Nein

Ich gebe dir etwas von meinen Süßigkeiten ab.
Ich gebe dir gar nichts ab.
Ich gebe dir etwas von meinen Süßigkeiten ab.
Ich gebe dir auch etwas ab.
Würdest du das machen?
Ja Nein
Würdest du das machen?
Ja Nein

Mein Hamster ist gestorben...
Tut mir leid...
Würdest du das machen?
Ja
Nein
Mein Hamster ist gestorben...
...
Würdest du das machen?
Ja
Nein

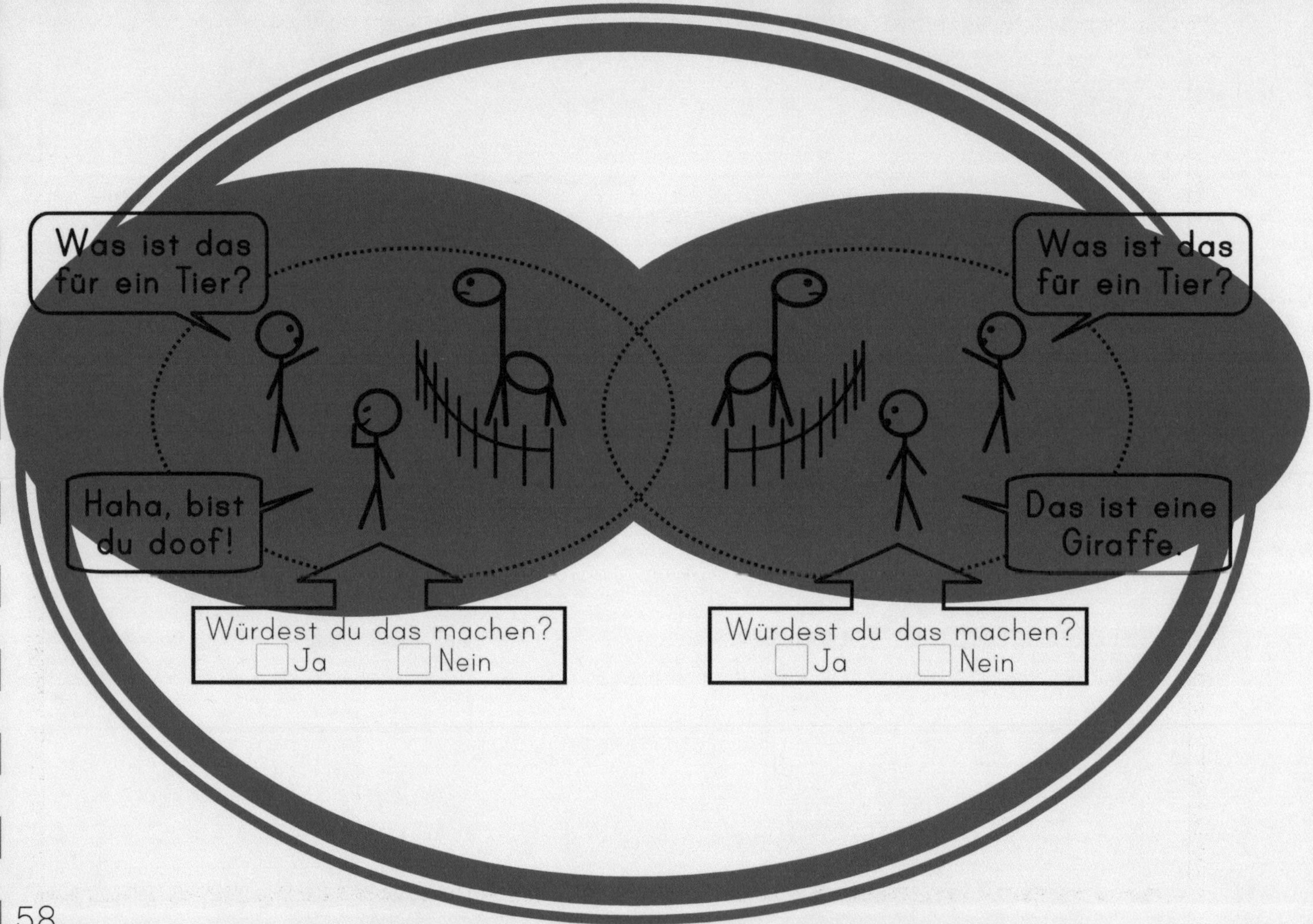
Was ist das für ein Tier?
Haha, bist du doof!
Würdest du das machen?
Ja
Nein
Was ist das für ein Tier?
Das ist eine Giraffe.
Würdest du das machen?
Ja
Nein

Komm, wir klauen diese Süßigkeiten!
Ja, das ist lustig!
Komm, wir klauen diese Süßigkeiten!
Nein, das ist unehrlich!
Würdest du das machen?
Ja Nein Ja Nein
Würdest du das machen?
Ja Nein Ja Nein

Ärger mit Freunden

Es ist...

... ganz normal, dass sich Freunde manchmal streiten. Keine Sorge, jeder Streit lässt sich lösen, wenn du das möchtest.

Auf den folgenden Seiten findest du ein paar Tipps, die dir bei Streit helfen können.

„Lasse nicht zu, dass ein kleiner Streit eine große Freundschaft zerstört."

Vom Dalai Lama, einem sehr klugen Mann aus einer Religion namens Buddhismus.

TIPPS WAS DU BEI STREIT TUN KANNST

Warte bis die Wut sich gelegt hat

Wichtig ist, dass ihr zuerst abwartet, bis ihr nicht mehr ganz so wütend seid.

Das kann manchmal ein paar Tage dauern, ist aber wichtig.

Denn aus Wut sagt man oft Dinge, die gar nicht so gemeint sind.

Höre zu

Zuhören heißt, dass du jemanden verstehen willst.

Höre deinem Freund mit Neugierde zu.

Interessiere dich für seine Gedanken und Gefühle.

Verstehe

Nur wenn du deinem Freund zuhörst, kannst du ihn auch verstehen.

Verstehen heißt, die Gründe von jemandem zu kennen.

Verstehen heißt auch, die Gedanken von jemandem zu kennen.

Versuche einfach mal, die Welt aus den Augen deines Freundes zu sehen.

Wenn du jemanden wirklich verstehst, verfliegt auch meist dein Ärger über ihn.

Erkläre deine Gefühle

Zeige deinem Freund dieses Kapitel.

Dann erkläre ihm deine Gefühle und deine Gründe dafür.

Nicht beschimpfen

Achte darauf, dass du deinen Freund nicht beschimpfst.

Benutze keine bösen Wörter, sage nicht mit Absicht Gemeinheiten, sondern erkläre einfach nur, wie es dir geht.

Habe immer das Ziel im Kopf, dass du dich wieder gut mit deinem Freund verstehen willst.

Immer den Pfeilen nach

Wenn du Streit hast...

Schritt für Schritt

... zeige deinem Freund dieses Kapitel und lass es ihn lesen.

Überprüfe dein eigenes Verhalten:

- ★ Sei ehrlich zu dir selbst: Was hast du selbst falsch gemacht?
- ★ Denke nicht nur an dich selbst.
- ★ Gib auch mal nach. Man muss nicht immer recht haben.

... rede mit deinem Freund.

Wenn er reden will ...

Frage ihn, was los ist.

Wenn er **nicht** reden will ...

... gib ihm etwas Zeit und versuche es noch einmal.

Statt zu reden kannst du ihm auch eine Nachricht schreiben.

Höre ihm zu:

★ Interessiere dich für das, was er sagt.
★ Versuche ihn zu verstehen.
★ Versuche dich in seine Lage zu versetzen.

Wenn dein Freund alles gesagt hat, was ihm auf dem Herzen liegt:

★ Bitte ihn dir zuzuhören
★ Bitte ihn sich dafür zu interessieren, was du sagst.
★ Bitte ihn zu versuchen dich zu verstehen.
★ Bitte ihn sich in deine Lage zu versetzen.

Erkläre ihm warum du dich geärgert hast.
Erkläre ihm wie du dich fühlst und was du denkst.

Gib Fehler zu.

Entschuldige dich wenn nötig.

Versöhnt euch.

Super gemacht!

Wenn diese Schritte **nicht** geholfen haben...

... lies das nächste Kapitel **„Streit der nicht aufhört“**.

STREIT DER NICHT AUFHÖRT

Du hast dir ...

... alle Mühe gegeben einen Streit zu schlichten?
Du hast alles versucht, aber es hat nicht geholfen?

Dann gibt es noch eine Möglichkeit, was einer Versöhnung im Weg stehen kann. Die Meinung eines anderen kann nämlich zwischen euch stehen. Oft merkt man das gar nicht.

Es hilft, das herauszufinden und darüber zu reden.

Hier sind ein paar Beispiele, was jemand über jemanden gesagt haben könnte:

Denke an deinen Freund, mit dem du Streit hast.
Hat jemand etwas über ihn gesagt?

Überlege und schreibe auf: Wer hat was wann zu wem gesagt?

	Wer?	Was?	Zu wem?	Wann?
1				
2				
3				
4				
5				

Hast du danach anders über deinen Freund gedacht?

Ja

Nein

Weiter auf der nächsten Seite!

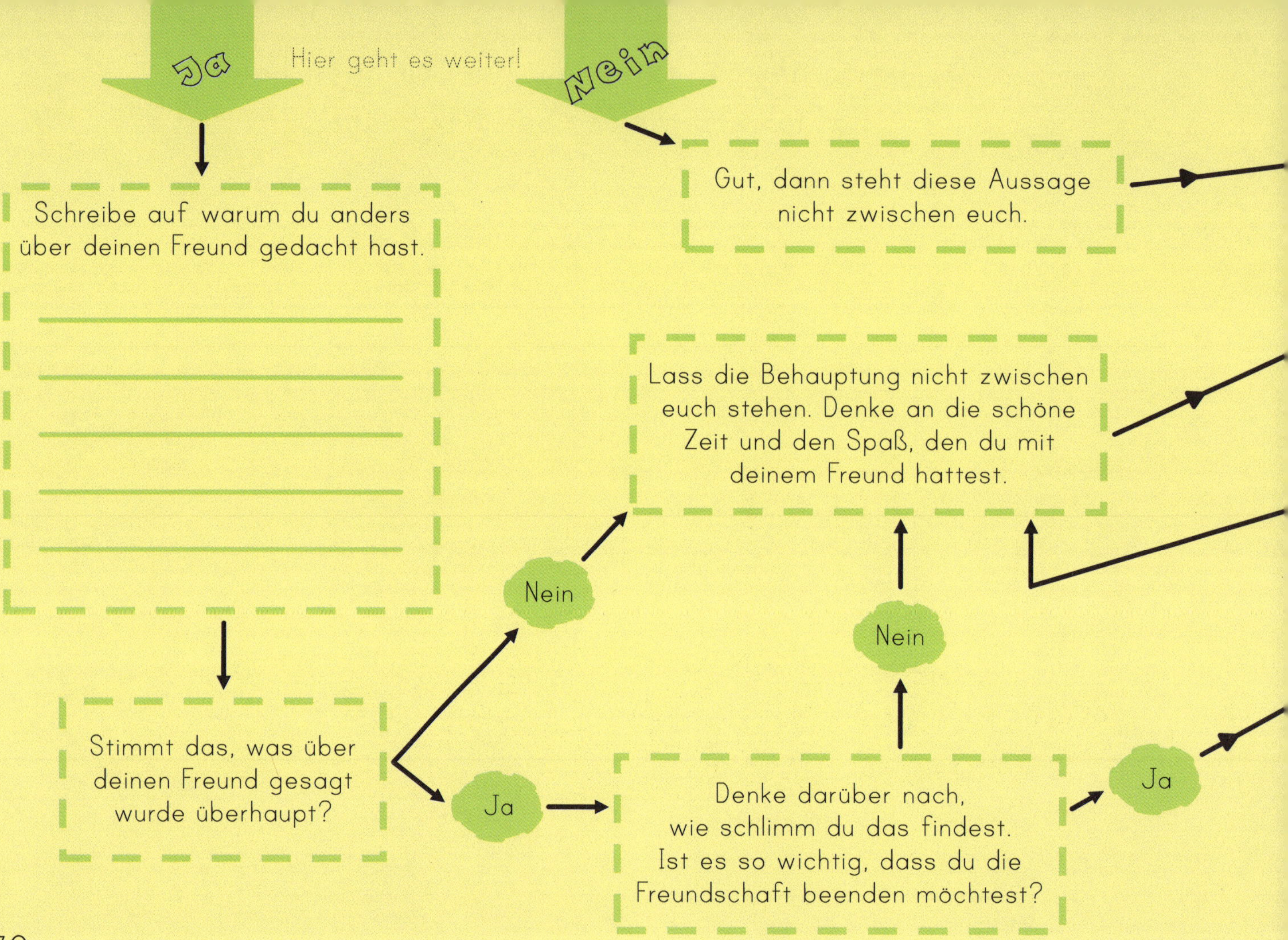
Ja
Hier geht es weiter!
Nein
Gut, dann steht diese Aussage nicht zwischen euch.
Schreibe auf warum du anders über deinen Freund gedacht hast.
Lass die Behauptung nicht zwischen euch stehen. Denke an die schöne Zeit und den Spaß, den du mit deinem Freund hattest.
Nein
Nein
Stimmt das, was über deinen Freund gesagt wurde überhaupt?
Ja
Denke darüber nach, wie schlimm du das findest. Ist es so wichtig, dass du die Freundschaft beenden möchtest?
Ja

Hast du noch mehr auf deiner Liste?

Ja

Mache weiter mit dem nächsten Punkt auf deiner Liste.

Nein

Mache weiter mit der nächsten Seite!

Lies die Seiten 45 und 49 noch einmal durch und denke an alles, was du in diesem Buch gelernt hast.

Findest du, dass dein Freund ein wahrer Freund ist?

Ja

Nein

Überlege gut, ob du die Freundschaft beenden möchtest.
Teile es demjenigen auf freundliche Weise mit.

Egal, wie du dich entschieden hast, dieses Buch kann dir bei jeder alten oder neuen Freundschaft helfen.

Mache weiter mit der nächsten Seite.

Schritt für Schritt

Immer den Pfeilen nach

Super du hast es bis hierhin geschafft!

Wenn du entschieden hast, dass dir dein Freund wichtig ist, dann ist er jetzt an der Reihe!

Gib ihm das Kapitel "Ärger mit Freunden" ab Seite 60 zu lesen und lass es ihn durcharbeiten.

Benutzt ein extra Blatt Papier zum Aufschreiben.

„Ein langer Streit beweist, dass beide Seiten Unrecht haben."

Voltaire, ein französischer Schriftsteller

Und, hast du es geschafft Einen Streit zu schlichten?

Schreibe davon:

Geschafft!

Herzlichen Glückwunsch! Du hast das ganze Buch durchgearbeitet.

Hoffentlich hattest du viel Spaß und dieser Ratgeber hat dir geholfen, Freunde zu finden.

Gehe das Buch so oft du willst durch.

Und wenn du magst, hol dir eines unserer anderen Bücher.

„Freunde sind wie Sterne: Du siehst sie nicht immer, aber sie sind immer für dich da.“*6

Ein Sprichwort aus Spanien

Und, hast du durch dieses Buch etwas gelernt oder Freunde gefunden?

Schreibe davon:

Weitere Bücher für Kinder, Eltern und Lehrer

Das Ich-traue-mich-was! Buch

von Lili Gaesset und Sam Terry

Manchmal stehen einem Schüchternheit oder Unsicherheit im Weg. Doch man muss nicht laut sein, um Freunde zu finden. Echte Freunde nehmen einen so, wie man ist. Und Selbstvertrauen kann man auf verschiedene Arten aufbauen. Zum Beispiel durch Sport oder Hobbys.

Das Ich-traue-mich-was! Buch möchte Kindern durch viele spielerische Übungen und Denkanstößen helfen, sich im Leben sicherer zu fühlen.

Willkommen neuer Erdenbürger

von Lili Gaesset

Dieser Ratgeber ist für alle frischgebackenen Eltern, die ihrem Kind das Beste für ein glückliches Leben mit auf den Weg geben möchten. Auf kind- und elterngerechte Weise wurden Erziehungstipps und Lebensweisheiten aus dem Jahrhunderte alten Wissensschatz der Welt ausgewählt. Vermittelt wird dies durch Zitate von den verschiedensten Völkern und Kulturen, lehrreiche Fabeln und Märchen, lustige Reime und bekannte Kinderlieder.

Diese und viele weitere Bücher von **Lili Gaesset** und **Sam Terry** sind im online Handel erhältlich!

NOTIZEN

Hier kannst du etwas aufschreiben oder malen. Ganz wie du magst!

ISBN-10: 1979529728
ISBN-13: 978-1979529723

Verzeichnet in der Deutschen Nationalbibliothek
Erschienen im Eigenverlag von Sarah Leist
c/o LeistIT, August-Schanz-Straße 80, 60433 Frankfurt am Main
Umschlaggrafiken: Sam Terry
Illustrationen: Sam Terry
Satz: Sam Terry
www.samterry.com - info@samterry.com

Printed in Poland
by Amazon Fulfillment
Poland Sp. z o.o., Wrocław

13144400R00047